CB143044

Kátia Maria Bezerra

5.5.2012

ANTONI
Gaudí

Para os Bodington e para Samuel, em seu sexto aniversário

© Cosac Naify, 2000
© Carlton Books Limited, 1999

Este livro é vendido com a condição de que não será, profissionalmente ou não, emprestado, revendido, alugado ou posto para circular de nenhuma forma sem a prévia autorização escrita da editora, e que nele não serão aplicadas capa ou encadernação diferentes daquelas com as quais foi publicado originalmente. Todas as responsabilidades por tais atos recairão sobre os compradores.

Todos os direitos reservados.

EDITOR EXECUTIVO Sarah Larter
GERENTE DA EDIÇÃO DE ARTE Zoë Mercer
PROJETO GRÁFICO Simon Mercer
PESQUISA ICONOGRÁFICA Alex Pepper
PRODUÇÃO Garry Lewis
TRADUÇÃO Len Berg

1ª reimpressão, 2005

Dados Internacionais de Catalogação na Publicação (CIP)
(Câmara Brasileira do Livro, SP, Brasil)

Carmel-Arthur, Judith
Antoni Gaudí: Judith Carmel-Arthur
Tradução: Len Berg
São Paulo: Cosac Naify, 2000.
80 p., 53 ilustr.

ISBN 85-7503-011-6 CDD 720

1. Arquitetura 2, Desenho. Artes Decorativas

Carlton Books Limited
20 Mortimer Street
London W1T 3JW
United Kingdom

COSAC NAIFY
Rua General Jardim 770 2º andar
01223-010 São Paulo SP
Tel [55 11] 3218 1444
Fax [55 11] 3257 8164
www.cosacnaify.com.br

Atendimento ao professor [55 11] 3823 6595

ANTONI Gaudí

Arquiteto Visionário do Sagrado e do Profano

JUDITH CARMEL-ARTHUR

COSACNAIFY

Gaudí

— criador de espaços residenciais marcados por um irresistível "princípio do prazer" *fin-de-siècle* e de edifícios religiosos de obsessiva solenidade e complexidade. Homem cuja vida lendária, as obras e mesmo a morte foram marcadas por extremos, Gaudí tem sido festejado como gênio, mas também demonizado, por críticos, escritores e jornalistas do século XX. Visionário ou víbora, Gaudí deixou um legado arquitetônico que continuou a causar polêmica nas últimas décadas desse século. Ícone de sua Catalunha natal, continuou vivo durante os quase 80 anos que se passaram desde sua estúpida morte, em Barcelona, no ano de 1926. Como prova disso, em 1998, o cardeal de Barcelona indicou Gaudí para a beatificação, com base em uma "profunda e constante contemplação dos mistérios da fé".

"A morte LEVOU GAUDÍ SUBITAMENTE; UMA TARDE, CAMINHANDO COMO DE COSTUME ATÉ A IGREJA DE SÃO FELIPE NERI PARA REZAR, FOI ATROPELADO POR um bonde. SEUS FERIMENTOS O DESFIGURARAM A PONTO DE **NÃO O RECONHECEREM** E NEM LHE DAREM O TRATAMENTO DE EMERGÊNCIA QUE PRECISAVA" LLUIS PERMANYER

Livros sobre arquitetura e a literatura popular contribuíram para a consagração de Gaudí como o grande patriarca da cultura catalã. Já em vida ele foi estereotipado como o gênio louco da arquitetura, e desde então transformou-se num mito, santo ou subversivo. A própria linguagem do mito de Gaudí — isto é, o "texto"mitológico — de fato encarna essa polêmica, e re-

A N T O N I

vela até onde vinculamos culturalmente as noções de fama, sofrimento e criatividade, para construir a imagem de nossas celebridades artísticas. As percepções de Gaudí foram ocultadas sob uma roupagem de notoriedade em nosso desejo de compreender seus edifícios mágicos, de contos de fadas, que — muito à semelhança de sua vida — evocam impressões de sanidade, num nível, e psicose, em outro; o sagrado e o profano.

Recentemente a obra de Gaudí foi posta em evidência diante de todo o mundo, durante a

> "O QUE **NÃO MUDOU** FORAM OS CAPRICHOSOS MOVIMENTOS NA **construção** DA SAGRADA FAMÍLIA DE GAUDÍ" JONATHAN GLANCEY, CRÍTICO DE ARQUITETURA

ampla renovação urbana de Barcelona para as Olimpíadas de 1992, e pela outorga à cidade da Medalha de Ouro do Instituto Real dos Arquitetos Britânicos, em março de 1999. Apesar das transformações urbanísticas, no entanto, uma questão cívica em Barcelona que permanece importante diz respeito à obra-prima de Gaudí, "extraordinário complexo orgânico de pedra", a Igreja da Sagrada Família — "O que dizer dela?"

GAUDÍ

O Sagrado

Aludida com ironia como um "ajuntamento de pedras", a construção começou pelo Templo da Expiação da Sagrada Família, em 1882, e foi confiada ao jovem Gaudí, então com 31 anos, em novembro de 1883. Antes, ele não havia realizado qualquer trabalho arquitetônico de grande porte, embora seu primeiro projeto para uma residência em Barcelona, a Casa Vicens (1878-1888), estivesse sendo executado. Durante o ano de 1882, ele havia trabalhado juntamente com o arquiteto medievalista catalão Joan Martorell I Montells, sob cuja orientação recebeu uma formação eclética de procedimentos que recuperavam, no conhecido estilo neogótico, elementos do passado arquitetônico. O talento do jovem arquiteto era evidente e foi com a recomendação de Martorell que, no ano seguinte, Gaudí conquistou o prestigioso cargo de Diretor de Trabalhos na grandiosa Basílica da Sagrada Família.

Gaudí supervisionou a construção da catedral durante 43 anos, indo até 1926. Uma das mais conhecidas histórias sobre ele conta que morou em oficinas humildes na catedral em seus últimos anos de vida, movido por necessidade logística, seu estado de saúde, que se agravava, e sua devoção fervorosa à construção desse santuário monumental e enigmático. Tal atitude, aparentemente idiossincrática, demonstra como o arquiteto abraçou uma ideologia da destreza, além de uma postura historicista das grandes tradições ligadas à construção das catedrais medievais.

> "ESTE É O **último** GRANDE **monumento** DA **ESPANHA** CATÓLICA"
>
> **ROBERT HUGHES, *THE SHOCK OF THE NEW***

Nascido em Reus, Espanha, em 1852, Gaudí formou-se como artesão sob a orientação de seu pai, trabalhando com cobre e outros metais na produção de objetos ornamentais e utilitários. Sua tendência natural a envolver-se diretamente no projeto e na execução de um trabalho o ajudaria em sua futura atividade como arquiteto. Tal postura, por sua vez, colocava-o à vontade junto às ideologias políticas e românticas do movimento denominado *Renaixença*, surgido na Catalunha ao final do século XIX; a cidade de Barcelona e Gaudí estavam no centro desse movimento.

Mesmo naquela cidade industrial, com um porto cosmopolita, o sítio da catedral era concebido como o núcleo de um pequeno "subúrbio", povoado por ateliês de esculturas e oficinas para talhar pedra, além de ateliês para criar modelos e mesmo uma escola paroquial que ainda existe.

A complexidade do projeto exigia numerosos artesãos de primeira linha e engenheiros trabalhando como uma equipe unida em torno da agenda arquitetônica de Gaudí. Junto a eles, o próprio Gaudí dedicava-se a verificar cada detalhe estrutural, estético ou de engenharia. Realizar a tarefa, portanto, não pesava apenas sobre seus ombros — o fanático notório, gênio louco de um mito artístico-histórico — mas dependia de tradições arquitetônicas estabelecidas de peritagem e do esforço multidisciplinar.

"O ENTUSIASMO PELOS EDIFÍCIOS ÚTEIS RESULTOU NA FORMAÇÃO DE UM VASTO CORPO DE artesãos E ARQUITETOS... SEUS CARÁTERES PESSOAIS BASEAVAM-SE NO CONHECIMENTO **PROFUNDO** DE SEU MÉTIER ... SOMADO A UM AUTÊNTICO ENVOLVIMENTO COM O **VIGOR** E AS SUTILEZAS DA **VIDA**"

JOHN RUSKIN, *VAL D'ARNO*, LECTURE III

Muitas vezes menosprezado, deve-se atentar para esse aspecto pois, além da desafiadora carcaça embrional da edificação, Gaudí legou à cidade uma tradição de trabalho cooperativo entre artífices para a qual contribuíram muitas outras gerações de homens como ele. Historicamente, a catedral foi apresentada não como fruto exclusivo dos esforços de Gaudí, e sim de forma mais nacionalista, tão a gosto dos catalães, invocando a romântica opinião defendida por John Ruskin, que aliava a excelência da prática arquitetônica medieval, com sua fraternidade coesa entre pedreiros, calceteiros, ladrilheiros, vidraceiros e escultores, ao trabalho conjunto com a comunidade local, amplamente dedicada a atualizar uma ideologia devocional e arquitetônica ligada ao bem-estar econômico tangível de sua coletividade "expandida".

As simpatias de Gaudí pelo dogma sociológico das Artes e Ofícios de John Ruskin, que ele estudou, ajudam a explicar o interesse pelo artefato e pelo ambiente comunal do sítio da catedral, onde podia aplicar suas habilidades antes confinadas em estúdios.

Gaudí viu ser finalizada apenas uma das três principais fachadas da igreja — a fachada leste, ou da Natividade; três das quatro torres leste, mas não os topos caleidoscópicos, encrustados de cerâmica, terminados quase que logo depois de sua morte; a cripta, que começou em 1882, com a primeiro arquiteto, Francesc de Paula Villar I Lozano, e completadas por ele; e um trecho substancial da parede da cabeceira do templo. O edifício por isso tornou-se uma carcaça de alvenaria, mais fantástico em seu apelo visual graças ao seu estado fragmentário e à ausência de ornamentos.

> **"PODE-SE DIZER NESSE CASO QUE A forma SEGUE A função — DESLIZANDO, RESPINGANDO, DISSOLVENDO, RE-FORMANDO, MUDANDO DE COR E TEXTURA; UMA ARQUITETURA MACIA, SUCULENTA, A ARQUITETURA DO êxtase"**
>
> ROBERT HUGHES, *THE SHOCK OF THE NEW*

Recursos para a nova catedral foram insuficientes desde o início. Sem apoio municipal, a igreja deveria ser construída com doações particulares, pelas quais o próprio Gaudí intercedeu em Barcelona durante a Primeira Guerra Mundial.

Filhos e netos dos artífices que trabalharam com o arquiteto mantiveram uma associação familiar com o polêmico projeto, nunca terminado. Entre eles está Jordi Bonet, conhecido advogado de Barcelona, comprometido com a execução dos planos de Gaudí. Sua ação hoje está entrincheirada em uma oposição — antes mobilizada pelos chamados pais do modernismo arquitetônico, Walter Gropius e Le Corbusier — que reivindica a suspensão das obras da catedral, alegando que acréscimos após a morte do arquiteto seria, na melhor das hipóteses, imitações, e na pior, elementos kitsch.

A igreja de Gaudí dialoga com linguagens neogóticas, do início de sua carreira, apenas em sua altura enfática e em suas propostas ideológicas. Seu primeiro arquiteto, Villar, foi responsável pelo plano convencional Cruz Latina e suas linhas gerais. As proporções imponentes do edifício pretendem abrigar cinco naves, sendo que a nave central mediria 95 metros de comprimento, a galeria transversal dois terços disso, de comprimento, e 30 metros de largura. As galerias destinadas aos corais acomodariam 1.500 vocalistas e talvez sete órgãos.

Entretanto, Gaudí passou a demonstrar uma crescente rejeição a qualquer abordagem neogótica historicizante, contradizendo suas próprias influências de juventude e reapresentando, com imaginação, a tipologia tradicional para uma igreja basílica.

"COMO UM colossal DENTE CARIADO, CHEIO DE POSSIBILIDADES"

SALVADOR DALI SOBRE A SAGRADA FAMILIA

Gaudí for treinado a assimilar o neogótico. Como estudante de arquitetura na Escuela Superior de Barcelona, envolveu-se com um tratamento estilístico popular, dos maiores arquitetos medievalistas que queriam o retorno das antigas tradições. Posteriormente, conviveu com o medievalismo de Joan Martorell, e trabalhou com Villar na construção de uma capela neoromânica, no Mosteiro de Montserrat. Durante esse período, leu com assiduidade as teorias neogóticas do racionalismo estrutural de Viollet-le-Duc, publicadas em *Entretiens sur l' Architecture* [Entrevistas sobre a Arquitetura].

Mas seus dois primeiros edifícios, considerados os mais neogóticos, curvam-se ao estilo medieval em seus exteriores e em alguns traços internos. Tanto o Palácio do Bispo, em Astorga (encomendado em 1887), quanto o comercial-residencial Casa de los Botines (1881-84), empregam elementos neogóticos com sábia economia, como por exemplo vitrais tripartidos, pequenas torres em cantos, arcos em forma de ogiva e torres redondas do gótico francês. Motivos tirados de modelos medievais seculares também aparecem e mesclam-se de modo inteiramente eclético. Esses edifícios comprovam a intimidade de Gaudí com o estilo medievalista e sugerem a tipologia neogótica que poderia ter sido usada na Sagrada Família, mas não foi.

Seu tratamento inovador da fachada da Natividade, dominada por enormes torres com sinos, medindo cerca de 100 metros cada uma, é tudo menos algo convencional. É não só a parte mais fotografada do edifício, como oferece a evidência mais palpável da visão arquitetônica cada vez mais aberrante e madura do arquiteto.

Suas superfícies, vívidas e que se interpenetram, evidenciam uma interpretação da arquitetura como estrutura orgânica, que exprime o potencial de crescimento e as propriedades evolutivas da natureza. Como assinalou Rainer Zerbst, "Para Gaudí, no entanto, a natureza consistia de forças que agem sob a superfície, era mera expressão dessas forças interiores. Por exemplo, ele estudou como blocos de pedra se comportavam quando colocados sob pressão em prensas hidráulicas". A fachada da Sagrada Família é uma afirmação articulada dessa visão arquitetônica, e equivale às igualmente geológicas, porém mais experimentais, ondulações "recortadas" de sua Casa Batlló (1904-06), e às mais amplas e audaciosas fachadas triplas da célebre residência "tipo penhasco", a Casa Milá (1906-10).

Nesses três edifícios, o arquiteto considerou as fachadas de tons rochosos como oportunidades para aliar plasticidade escultórica a massa arquitetônica; tornando impossível distinguir onde um elemento estrutural ou decorativo termina ou onde começa o seguinte.

As enormes torres com sinos desafiam da mesma forma uma comparação com quaisquer antecedentes fora da obra de Gaudí. Concebidas, inicialmente, como quadradas, o arquiteto fê-las evoluir para majestosas protuberâncias arredondadas. Sua aparência afilada, futurista, não provém das espirais góticas, mas de suas configurações parabólicas idiossincráticas, complementadas por uma rede aberta de tirantes quadrados e colunares que produzem um efeito de colméia. Sua projeção agressiva para cima exprime, à perfeição, a preferência de Gaudí pelas metáforas de crescimento, sendo que o labirinto de torres sugere "floresta de pedra" do outro mundo.

Da mesma forma, as esculturas figurais, que representam cenas bíblicas e pretendem ornamentar toda a catedral, atendem não apenas a um propósito didático convencional, mas também a um simbólico e metafórico. Baseado numa série de moldes de gesso e em fotografias tiradas de modelos vivos, sua fragilidade humana implícita deve ser entendida como justaposta à brutalidade elementar intrínseca da superfície pulsante da fachada.

O arquiteto pretendia claramente que as mensagens visuais na nova catedral fossem lidas de diferentes maneiras, e em vários níveis distintos, como linguagem "cultural". Ao lado de imagens metafóricas, simbólicas e arquitetônicas, ele adaptou também inscrições ao corpo do edifício. Ao fazê-lo, identificou a entidade catedral como um bem sucedido amálgama de texto e imagem, resultado que se obtém ao se colocar lado a lado sua criatividade de algum modo crua e sua religiosidade erudita e devotada.

A Sagrada Família não é diferente de outros projetos arquitetônicos de Gaudí, quando desafia a categorização estilística. No entanto, tem antecedentes em sua própria obra, que também revelam engenhosos diálogos entre superfície, espaço e estrutura, abrindo caminho para o sucesso de suas ousadas inovações.

O arco parabólico, um dos elementos mais conhecidos da arquitetura de Gaudí, merece ser examinado nesse momento, pois embora aparecesse tanto nas suas edificações seculares quanto nas religiosas, pode não ter sido desenvolvido apenas por sua eficiência estrutural, mas para criar uma atmosfera sagrada e não secular.

Suas experiências com as possibilidades do arco podem ter-se iniciado já em 1882, e sua primeira aparição efetiva ocorreu nos estábulos dos Pavilhões Güell (1887), onde facilitava a passagem de luz natural nas aberturas do teto.

Quase ao mesmo tempo, no Palácio Güell (1887-91), em Barcelona, o arquiteto manipulou o arco parabólico como elemento significativo de engenharia e como elemento teatral, em dependências residênciais de alguma imponência. Aqui o arco parabólico surge de duas formas: primeiro em arcos gêmeos na entrada, e em janelas ogivais acima; depois, como o principal elemento estrutural, criando espaços interiores aparentemente monumentais, reunidos em torno da área de recepção coberta pela expressiva abóboda parabólica.

Com o Colégio Teresiano (1889-94), em Barcelona, Gaudí obteve um surpreendente grau de abstração espacial e arquitetônica, nas galerias internas da sede da Ordem de Santa Teresa d'Avila. Nesse exemplo, o arco parabólico é empregado como o principal elemento arquitetônico do interior. O sentido poético de sua forma e sua habilidade para acomodar, consecutivamente, paredes com janelas sem o uso externo de escoras pesadas, são utilizados para a criação de uma atmosfera calma, contemplativa, totalmente adequada ao local.

Os precedentes mais dramáticos do uso do arco parabólico na Sagrada Família, porém, está em duas plantas memoráveis para projetos não executados, hoje só conhecidos por meio de desenhos.

O mais antigo (1892-93) desses esboços eram de uma igreja e um mosteiro para os franciscanos em Tânger, e revela o princípio das idéias de Gaudí para o agrupamento de torres parabólicas depois usadas na Sagrada Família. Em seguida, em 1908, ele esboçou idéias muito parecidas para um complexo hoteleiro em Nova York, ostentando agora torres que teriam entre 200 e 300 metros de altura. Essas torres são simplesmente a silhueta do arco retorcido em 360 graus, resultando em "parábolas rotacionais" cujo verdadeiro significado simbólico ainda não está claro.

Enquanto trabalhava nas fases mais maduras da Sagrada Família, Gaudí esteve simultaneamente envolvido com outra importante encomenda para estruturas sagradas: a não realizada Capela e a inacabada Cripta (1898-1917) da Colônia Güell, em Santa Coloma de Cervello. Os desenhos do arquiteto que chegaram até nós sugerem que a igreja era vista como a fruição dos grupamentos de torres parabólicas imaginados para os projetos de Nova York e Tânger. É revelador, ou talvez apenas casual, que nenhum projeto que incluísse elemento tão desconcertante tenha sido executado e — embora as torres sejam notavelmente menores — as da Sagrada Família continuam inacabadas cem anos depois. Mas, quanto à pequena capela planejada para o Parque Güell, ela é apenas a segunda igreja da carreira de Gaudí.

A Cripta da Colônia Güell, no entanto, é extraordinária. Suas colunas em declive e estruturas arqueadas rompem com conceitos convencionais de espaço interior e sustentação arquitetônica. Excluindo a sofisticada técnica empregada no uso de tijolos e basalto, e as elegantes composições das muitas superfícies em cerâmica policromada, a cripta dá a impressão de ter sido escavada em fissuras descendentes, com as quais ela se funde organicamente.

Dentro da cripta Gaudí se supera como engenheiro estrutural. Impossível não elogiar com entusiasmo esse espaço espiritual tão encantador e no entanto bruto, em que o teto sobre o altar de repente se ramifica num viveiro de arcos e colunas primitivos, que parecem guiados por uma força centrífuga.

A inédita excentricidade da estrutura assemelha-se à da utilizada no Parque Güell, mais ou menos da mesma época. Ambas revelam uma simbiose entre arquitetura e natureza que caracteriza o estilo eclético da maturidade de Gaudí, e sua crescente subversão de cânones estabelecidos sobre forma e função. O tratamento da natureza como moldura fundamental de referência para a invenção do simbolismo e da estrutura é extremado, enquanto sua expressão de poder bruto na forma, textura, materiais e espaço envolvidos divorcia seu trabalho das expressões superficiais e populistas do Art Nouveau, em Barcelona e no norte da Europa. O que Gaudí não tem em comum com os seguidores do Art Nouveau é sua síntese harmoniosa de materiais múltiplos, e o artefato e a expressão arquitetônica num todo único, à moda do *Gesamtkunstwerk* — a "obra de arte total". A abordagem, tão evidente na Cripta da Colônia Güell, é ainda mais facilmente identificável em seus estudos para residências.

O Secular

Gaudí nasceu catalão. Durante seus anos de formação como estudante de arquitetura em Barcelona, de 1869 a 1878, testemunhou o fortalecimento do movimento nacionalista na cidade, que congregava vários outros, regionalistas e separatistas, e desenvolveu fervorosa simpatia pela causa catalã, que marcou sua vida e sua carreira. Na cultura arquitetônica de Barcelona, esteve na vanguarda do sentimento nacionalista, partilhado pela maioria dos arquitetos catalães de ponta, como Francisco del Villar, Martorell, Lluis Doménech I Montaner, e Puig I Cadafalch, cuja ideologia influenciou sua educação na Escola Superior de Arquitectura, onde se matriculou em 1878. Integrou grupos de estudos como o Centre Excursionista, que visitou monumentos históricos catalães, tidos como ícones do passado glorioso da região e cujo estudo inspiraria a afirmação da identidade nacional.

> "GAUDÍ PERMANECEU, DE **CORAÇÃO**, FIEL A SUAS **origens**. SENTIA-SE PRÓXIMO DAS **PESSOAS** COMUNS"
>
> RAINER ZERBST

Dois dos primeiros empregos de Gaudí tinham outras nuances da ideologia do movimento pelo ressurgimento cultural catalão, conhecido como *Renaixença*. Ao lado de Villar, na obra de uma capela neo-românica em Montserrat, no ano de 1877, trabalhou por curto período segundo um estilo arquitetônico promovido por "linguagens nacionais" de líderes da *Renaixença*. No ano seguinte, mostrou desenhos preparatórios em Paris para uma nova obra, com instalações residenciais e uma fábrica para a cooperativa de artesãos têxteis em Mataro, projeto que indicava a ideologia da *Reneixença* em seu sentimento paternalista e a influência da ideologia social de John Ruskin. Na ocasião em que Gaudí iniciou seu primeiro projeto individual, a Casa Vicens, em Barcelona (1883), ele estava contaminado por um utopismo pietista que professava o ressurgimento cultural e se batia por uma união do antigo com o contemporâneo como meio de se obter um futuro melhor.

Nos projetos seculares que realizou, colocou deliberadamente pistas de sua identidade catalã. Em suas mãos, materiais e motivos eram usados simbolicamente para insinuar reminiscências de sua cultura.

Os grandes monumentos seculares que datam de seu período inicial, como arquiteto independente, a partir de 1880, são marcados por sua abordagem estilística eclética, mas todos revelam uma habilidade para transmitir significados políticos e sociais por meio do vocabulário visual da arquitetura e da decoração. Edifícios como a Casa Vicens (1883-88), a propriedade rural "El Capricho" (1883-85) e nos elegantes Pavilhões Güell (1884-87), com suas treliças de estuque em forma de colméia, são bem conhecidos como expressão de um estilo "mourisco", porém seria mais preciso chamá-lo de *Mudèjar*, estilo em que Gaudí se tornou mestre indiscutível.

O estilo *Mudèjar*, presente na arte e na arquitetura de raízes muçulmanas, floresceu na Península Ibérica no século XI, tendo sido retomado no final do século XIX num contexto especificamente catalão. Constituiu-se da reelaboração de formas, materiais e técnicas tradicionais, que mesclavam elementos cristãos a árabes, persas e norte-africanos, num estilo híbrido de exuberância decorativa. Apareceu no trabalho de Gaudí e de outros como uma abordagem sintética e ornamental, na vanguarda da retomada do movimento catalão medievalista, que também incluía o estilo neogótico. Motivos *Mudèjar* tornaram-se sinais de resistência cultural e, como tais, foram traduzidos numa forma de propaganda visual altamente graciosa e sofisticada.

O exterior dos edifícios de Gaudí mencionados acima são claros exemplos de sua interpretação elaborada do estilo *Mudèjar*. As pequenas torres imitando minaretes lembram as tradições nacionais muçulmanas; em seu propósito mais decorativo do que funcional tornaram-se elementos essenciais da obra do arquiteto. A torre-minarete aparece posteriormente, e sem rodeios, nos tetos de construções seculares, que se tornam cada vez mais o local para formas arquitetônicas expressivas, por vezes até mesmo subversivas, como o Palácio Güell, e mais manifestamente, em seguida, as casas Batlló e Milá.

O estilo *Mudèjar* pode ser identificado também na propensão do arquiteto à densa ornamentação e à proliferação de motivos em superfícies, criadas pelo detalhamento horizontal e cadenciado da alvenaria de tijolos com revestimento cerâmico finamente policromado. Na Casa Vicens esses traços também nos dão informações sobre o proprietário, um rico fabricante de azulejos e tijolos. Isto sugere que a combinação criteriosa de criação arquitetônica e artefato pretendia definir, talvez com implicações políticas, a percepção pública da alta burguesia de Barcelona.

O uso expressivo e cosmopolita dos azulejos policromados de cerâmica tornou-se uma das marcas estilísticas de Gaudí, sintoma de sua preferência por recursos calcados no talento dos artífices. Uma forte ênfase nos materiais em sua obra revela uma compreensão intrínseca do trabalho do artífice e seus métodos como o fundamento de uma boa criação arquitetônica. Nisso Gaudí foi um homem de seu tempo em Barcelona, onde um vigoroso ressurgimento das qualidades do artefato foi alimentado pelo desejo de se reafirmar a tradição local do passado.

"[ELE FOI] O **mais** CATALÃO DE TODOS OS **Catalões**"

JOAQUIM TORRES GARCIA

Os ideais catalães de Gaudí estavam talvez substancialmente de acordo com os de seu mais importante cliente, o industrialista e paternalista catalão, barão Eusebi Güell I Bacigalupi. Ele conheceu Güell em 1878 e acabou projetando algumas das mais notáveis estruturas a seu pedido. Por vinte anos, Güell encomendou a Gaudí uma série de projetos importantes, provas da afinidade entre arquiteto e cliente.

Entre os projetos estão os pavilhões Güell, nas proximidades de Barcelona (1884-87), o Palácio Güell (1886-89), a Cripta e a Capela da Colônia Güell (1898-1917), lojas modestas e uma capela no Bodegas Güell, Garraf (1895-1905), e o Parque Güell (1900-14), que se assemelha a um tabuleiro, com vista panorâmica de Barcelona.

Com Güell, o arquiteto mergulhou mais fundo na política cultural catalã. Na casa do industrial conheceu outros líderes da vanguarda e artistas, poetas e escritores do movimento *Renaixença*; com eles discutia assuntos como os escritos reformistas de John Ruskin e do neogótico francês Viollet-le-Duc, ambos defensores de uma abordagem regionalista da arquitetura. Güell via-se como o novo mecenas das artes catalãs, enquanto sua posição de destaque na alta burguesia de Barcelona lhe permitia construir um modelo de mecenato que empregasse o *design* contemporâneo como mecanismo de conservadorismo federalista e autoridade burguesa. A rigor, usou Gaudí como parte de uma base de poder estético, fruto das afinidades políticas e partenalistas partilhadas por ambos. Gaudí tinha o prestígio do "artífice divino" na formulação e desenvolvimento da Catalunha contemporânea, enquanto Güell se valia de Gaudí para posicionar-se na linha de frente da benemerência paternal, realizando suas próprias idéias, justas aos seus olhos, sobre como sustentar as classes médias com a indústria de Barcelona.

Por volta de 1890, Gaudí e Güell estiveram muito próximos do Circol de Sant Lluch, grupo para-oficial católico de grande influência em Barcelona, integrado por uma elite que visava a renovação urbana da cidade por meio de uma ideologia baseada na caridade, talento e moralidade. Autodenominavam-se "Artesãos da Beleza", numa referência ao papel dominante das tradições dos artífices.

O Palácio Güell (1886-91) é uma residência urbana com ares palacianos, incrustada de mármore cinza, também pensada para ser um núcleo exuberante das atividades culturais da *Renaixença*. Sua maciça coluna entre as portas de entrada do piso térreo ostenta o emblema catalão. Construído sem dúvida como vitrina para a Exposição Internacional de Barcelona, de 1888, o palácio é revelador do gosto do industrial, sua erudição estética e poder de persuasão política. Revela também a incorporação sintética por Gaudí dos elementos do *Mudèjar*, e de fontes góticas e renascentistas, fundidas num discurso puramente individual.

Os espaços interiores são distribuídos em torno de um magnífico espaço central, erguendo-se através de dois pisos e encimados por uma abóboda parabólica iluminada por pequenas aberturas, como estrelas, na cúpula. O salão de recepção embaixo, dedicado ao teatro, à dança e à música, por exemplo em saraus literários, não é largo nem longo, mas é amplo por causa da abóboda, índice da tendência de Gaudí à explorar efeitos de ilusionismo barroco.

A fachada enganosamente simples tem dois caminhos em arco com uma engenhosa treliça de ferro trabalhado, para registrar alusões ao industrial. O ferro trabalhado era extremamente indicativo da estética de Gaudí e permitia-lhe atingir um grau de auto-expressão ilimitado, graças a suas habilidades técnicas. Tal linguagem surgiu precocemente, nos bancos, pérgulas e balcões do projeto para "El Capricho", e se repetiria ao longo de sua produção.

O espetacular Portal do Dragão, que mais parece uma prisão, e liga dois pavilhões Güell é, no entanto, uma das maiores realizações das fantasias exóticas do arquiteto, com o emprego do ferro. Com ares solenes, o portal dá acesso a uma área para recreação. A tensão dinâmica dos elementos é bi e tridimensional, apoiando-se as tensões das linhas, assim como em texturas. Exibe um enorme dragão amedrontador com mandíbulas abertas e asas estendidas, surgindo de um corpo contorcido. Garras defensivas de ferro nascem do animal quando o portal se abre; um elemento nada sutil de poder e intimidação.

A penúltima encomenda de Güell a Gaudí foi a capela e a cripta em sua comunidade modelo, que incluía a fábrica, moradias para operários da indústria têxtil e uma escola na Colônia Güell, em Santa Coloma de Cervello. Embora só a cripta tenha sido construída (1898-1917), o conceito revela uma reação católica contra os efeitos ameaçadores da secularização, assim como as razões paternalistas de Güell, que o arquiteto tornou realidade.

Motivação parecida inspirou o Parque Güell (1900-14), paisagem extravagante incrustada nas colinas de Barcelona. O parque, de grandes dimensões, também deveria exprimir a confiança de Güell na ideologia reformista da *Renaixença*. Foi concebido pelo arquiteto como um "jardim de subúrbio", com sessenta moradias de classe média em terreno murado, com infraestrutura – viadutos, avenidas, área para jogos, mercado coberto e praça. Apenas duas casas foram construídas; a igreja, planejada para erguer-se simbolicamente no alto da colina, nunca o foi. O local é significativo por sua bem realizada síntese do sagrado e do secular, do espírito e dos sentidos, do estrutural e do ornamental. Na realidade, o Parque Güell homenageava um "princípio do prazer" de classe média, permeado pela moralidade e pelos valores de família, manifestos na inédita fusão de textura, cor, espaços natural e artificial e forma estrutural.

Embora popular como espaço público, o Parque Güell é ao mesmo tempo inquieto e surrealista; um jardim de conto de fadas que mistura o etos da Disneylândia com o de um parque jurássico antediluviano. O local é circundado por muros que serpenteiam e asseguram a atmosfera de lazer na área interna, ao mesmo tempo que barram "o outro" do lado de fora. Grutas escavadas nas colinas, e colunas e muros construídos com cascalho irregular introduzem o conceito de que a natureza gera a forma arquitetônica. Uma clara aliança com a natureza, evidente em repetidos motivos com animais, plantas, rochas e cavernas, completa-se com padrões aleatórios em mosaicos que enfeitam as estruturas onduladas do parque. Os bancos azulejados em policromia que se insinuam espontaneamente sobre o teto plano do mercado está entre os mais conhecidos exemplos do uso de cacos de cerâmica, porcelana e vidro por Gaudí, em colagens abstratas que também embelezam fontes e uma família de animais esculpidos. Não resta dúvida de que com tal obra o arquiteto estabeleceu definitivamente sua reputação de gênio ecêntrico.

O Profano

O Parque Güell representa o início de um período de mudanças na obra da maturidade de Gaudí, em que a arquitetura convencional se decompõe e ele conscientemente passa a subverter normas consagradas de forma estrutural e espaço.

As casas Batlló e Milá representam a mais clara manifestação do estilo orgânico da maturidade do arquiteto e o ápice de suas realizações no projeto de edifícios seculares. Elas se ergueram lado a lado, no coração de Barcelona, e são mais habitações múltiplas do que individuais. Constituem afirmações arquitetônicas de extrema personalidade, que visavam ser vistas e provocar.

Os proprietários de ambas pertenciam à burguesia industrial de Barcelona, para quem Gaudí redefiniu a própria natureza de uma residência urbana como utopia doméstica. Em ambos os casos, os proprietários pretendiam visivelmente destacar-se em seu meio, com manifestações públicas de celebridade arquitetônica: assim, encomendaram projetos ao arquiteto de Eusebi Güell. Mas, por sua origem em um meio burguês regional, ambas as casas pareceriam ser amplamente despolitizadas, ainda que a história da Casa Milá tenha sido atingida por acontecimentos ligados à *Semana Trágica*, de julho de 1909.

Num episódio de crescente anticlericalismo em Barcelona, a conservadora Liga Regionalista, de que Gaudí e alguns de seus clientes eram membros, empreendeu violenta repressão contra dissidentes, causando a morte de 83 manifestantes e a execução de alguns anarquistas. Como consequência, representações escultóricas da Virgem e o Menino, juntamente com textos religiosos planejados para a fachada da Casa Milá, foram recusados pelos proprietários.

A inédita ausência de linhas e ângulos retos dentro ou fora das casas Batlló e Milá levavam-nas a ser descritas por meio de referências à biologia, botânica, geologia e zoologia — uma pletora de termos científicos e pseudocientíficos, usada para explicar o que o próprio Gaudí dizia ser seu caráter "anticlássico" e "anti-histórico".

A evocação deliberada de Gaudí não só da natureza, mas mais especificamente das ciências naturais emergentes, é talvez um dos aspectos menos explorados de sua identidade arquitetônica. No final do século XIX, religião e ciência ainda se tratavam com animosidade.

Porém, ao norte da Europa, um grupo de talentosos precursores do Art Nouveau e alguns iniciantes uniram-se em ávida dedicação às ciências naturais, paralelamente a carreiras no desenho industrial e de projetos. Entre eles, por exemplo, os trabalhos de Arthur Heygate Mackmurdo e Christopher Dresser, este um respeitado doutor em botânica, teriam sido conhecidos por Gaudí por meio de publicações ligadas à área de Artes e Ofícios na Inglaterra, como *The Studio Magazine*. No entanto, importa menos enfatizar que seus trabalhos incorporam linhas osteomórficas e superfícies orgânicas onduladas como elementos essenciais do emergente estilo Art Nouveau, do que o fato de que eles estudavam com afinco as ciência naturais. No caso de Mackmurdo, suas pesquisas incluíam também as novas ciências sociais, como expostas na teoria evolucionista de Herbert Spencer.

"A FACHADA SINUOSA, COM ENORMES POROS, LEMBRA TAMBÉM UMA PRAIA ONDULADA DE AREIA FINA... AS COLMÉIAS CONSTRUÍDAS POR ENGENHOSAS ABELHAS..."

RAINER ZERBST

Não há dúvida de que Gaudí observou diretamente elementos das ciências naturais, talvez no novo museu de ciências de Barcelona, ou em publicações científicas ilustradas influentes, mas de divulgação, como as de Ernst Haeckel.

Sua linguagem visual, não arquitetônica, nas casas Batlló e Milá, foi retirada de fontes geológicas e palentológicas. Na Casa Batlló isso fica patente na coluna de vértebras que imita um fóssil, que parece implantada no corpo da escadaria, semelhante a uma rocha. Na Casa Milá, a articulação de janelas e espaços interiores com ares de caverna revela um elemento igualmente científico, o que desmente em parte as afirmações de que os trabalhos da maturidade de Gaudí, não obstante a excelência de sua engenharia, não passam de devaneios de um louco.

Gaudí imitava essas formas naturais para criar situações arquitetônicas híbridas; mas por nunca ter citado claramente a forma integral de qualquer organismo, agregado fóssil ou mineral, seria incorreto sugerir que ele estudou materiais das ciências naturais em minúcias. Ademais, por recusar-se a citar "o todo", fica a sensação de coisas apenas "parciais".

Isso confere a seu trabalho associações com o "grotesco, fantástico e quimérico", particularmente em suas reminiscências de organismos marinhos.

As tendências esculturais em ambas as edificações são igualmente manifestas, confirmando a completa transição do arquiteto para uma concepção de arquitetura que é mais forma plástica flexível do que estrutura inamovível. Ambas as casas, mas especialmente a Milá, movem-se espontaneamente, levando ao limite a tensa resistência dos materiais. A essa época em sua carreira, Gaudí encarava a arquitetura — religiosa ou secular — como a encarnação de uma teoria revolucionária, que dependia de leis da natureza que estabelecem que toda vida, toda estrutura, está em constante transição. Com certeza encontrou os meios para reconciliar religião e ciência, o sagrado e o profano.

"**consideremos** O QUE SIGNIFICA **nascer** NO **MEDITERRÂNEO** ... OS CATALÃES TÊM UM SENTIDO **NATURAL** DO **tridimensional**, QUE LHES MOSTRA AS COISAS **COMO** UM TODO E A RELAÇÃO ENTRE ELAS"

GAUDÍ

Hosanna
Excelsis

Sanctus Sanctus Sanctus Sanctus

43

TEMPLO DA EXPIAÇÃO DA SAGRADA FAMÍLIA, 1883-1926

Barcelona. Torres com sinos da fachada leste, ornamentadas com mosaico policromado.

CASA BATLLÓ, 1904-06

Barcelona. Vista do interior do vestíbulo com reboco decorativo na parte inferior, primorosamente executado.

CASA BATLLÓ

Vista das chaminés ricamente ornamentadas e da bem-humorada cumeeira.

ARCOS

Arcos de pedra em Barcelona

CASA MILÁ, 1906-10

Chaminé abstrata no alto desse marco de Barcelona.

PARQUE GÜELL, 1900-1914

Barcelona. Detalhe dos bancos, ricamente ornamentados, que circundam a praça sobre o "Hall das Cem Colunas".

SAGRADA FAMÍLIA

Fachada da Natividade, com esculturas.

CASA MILÁ

Elementos do telhado (entrada para escadarias) revestidos com fragmentos de mármore.

CASA BATLLÓ

Detalhe das balaustradas frontais em tons de marfim e revestimento em cerâmica fortemente abstrato, que se adensa no alto do edifício.

PALÁCIO DO BISPO, 1887-93

Localizado em Astorga, noroeste da Espanha. O projeto original do edifício foi deixado inacabado por Gaudí com a morte do bispo, em 1893. A estrutura é marcante por seu estilo neogótico e pelo uso do granito negro.

SAGRADA FAMÍLIA

Obra mais conhecida e controvertida de Gaudí. O alto das torres da catedral exibem as palavras "Hosanna" e "Excelsis" gravadas na ornamentação.

SAGRADA FAMÍLIA

ESQUERDA: Ângulo da Sagrada Família, em que é vista dominada por um conjunto de torres.

DIREITA: Nave do transepto leste, a Fachada da Natividade, em que se vê a cavidade da cabeceira do templo.

SAGRADA FAMÍLIA

Fachada da Natividade, Portal do Amor, em que se vê a Coroação da Virgem.

SAGRADA FAMÍLIA

ESQUERDA: detalhe de um dos personagens que compõem a narrativa contida nos portais da Fachada da Natividade.

DIREITA: Detalhe de elemento escultórico da Fachada da Natividade, representando um pombo.

SAGRADA FAMÍLIA

ESQUERDA: Interior de uma das torres, que mostra a estrutura dos arcos parabólicos.

DIREITA: Vista externa das torres dos sinos, em cujo interior há uma escadaria.

COLÉGIO TERESIANO, 1888-89

Altos arcos parabólicos dão às galerias interiores um clima austero e contemplativo, adequado ao edifício.

PALÁCIO GÜELL, 1886-89

Chaminés no topo e ventiladores têm forte presença escultórica.

INTERIOR DO PALÁCIO GÜELL

A riqueza da decoração impressiona, com sua diversidade enorme de materiais, entre eles mármore, ferro e madeira, trabalhados com mestria.

CRIPTA DA COLÔNIA DE GÜELL, 1898-1917

Localizada em Santa Colomba de Cervellò, nas proximidades de Barcelona. Como um mosaico, a arcada do átrio revela a rica mescla de materiais, cores e texturas. O teto da cripta (à direita) exibe arcos de tijolos aparentes, que dão uma enganosa impressão de leveza e simplicidade a esse espaço subterrâneo.

CASA VICENS, 1883-88

Calle las Carolinas, Barcelona. ESQUERDA: O ferro, empregado decorativamente, integra-se na profusão de materiais. DIREITA: A forte influência *Mudèjar* pode ser vista nas formas arquitetônicas e no uso requintado de azulejos e policromia.

CASA VICENS

Detalhe de interiores, em que o complexo diálogo de texturas e materiais é mais uma prova da influência moura. A elegância dos motivos orgânicos da decoração pode também indicar a influência do movimento *Artes e Ofícios*.

CASA "EL CAPRICHO", 1883-85

Localizada em Comillas, perto de Santander, no norte da Espanha. Projetada sem que Gaudí jamais tenha visitado o local, essa casa extravagante ostenta uma combinação eclética de elementos decorativos e estruturais.

PORTAL DO DRAGÃO, PAVILHÕES GÜELL, 1884-87

Entrada para os pavilhões, em Barcelona. Com requintada utilização de materiais, formas retorcidas e curvilíneas, o portal é tido como exemplo precoce do uso que Gaudí fez do vocabulário decorativo Art Nouveau.

PARQUE GÜELL

Torre enfeitada com espiral e cruz, Pavilhão da Capela, junto à entrada principal do parque.

PARQUE GÜELL

Detalhe da Zeladoria, com o teto de rico mosaico; ao fundo, Barcelona.

PARQUE GÜELL

ESQUERDA: Vista da entrada principal do parque, em Carrer d'Olot.
DIREITA: Escadaria que conduz ao chamado "Hall das Cem Colunas", protegida por lagarto gigante incrustado de azulejos. As pesadas colunas, de inspiração dórica, sustentam uma praça.

PARQUE GÜELL

NO ALTO, À ESQUERDA: O lagarto que defende o parque.
OUTRAS IMAGENS: mosaicos decorativos embelezam, com fragmentos de cerâmica, as paredes que circundam o parque; dois deles trazem seu nome e celebram seu patrono.

PARQUE GÜELL

ESQUERDA: Galeria interna, com arcos parabólicos.

DIREITA: Visto de baixo, teto com colunas dóricas. Um da série de medalhões de mosaico (c. 1909), criado pelo assistente de Gaudí, Josep Maria Jujol.

CASA BATLLÓ

ESQUERDA: Fachada ondulante, com pedra polida de Montjuic.

DIREITA: Lareira de cerâmica em dependências internas da casa (no alto) e escadaria do piso térreo que leva ao andar superior. A balaustrada exibe um elemento decorativo em madeira que se assemelha a ossos de um fóssil.

CASA BATLLÓ

ESQUERDA: Detalhe da fachada do primeiro piso e balcões superiores.

DIREITA: Pátio interno cujas paredes têm azulejos em diversas nuances de azul.

CASA MILÁ

Localizada na esquina de Passeig de Gràcia com Calle de Provença, Barcelona. Também conhecida como "La Pedrera" (A Pedreira), nesta foto aparece a elevação da rua e as três principais fachadas do sítio assimétrico.

CASA MILÁ

ESQUERDA: "Cabeças em capacetes" abstratas, de guerreiros-chaminés.

DIREITA: Balcões que ostentam complexos trabalhos em ferro, projetados e executados em colaboração com Josep Maria Jujol.

Créditos

Os editores desejam expressar sua gratidão às seguintes fontes que tiveram a gentileza de autorizar a reprodução das fotografias neste livro:

Arcaid/John Edward Linden 32, 75bl/Prisma 38, 39, 76
Architectural Association/Peter Barefoot 52, 53, 77bl
Corbis/O. Alamany & E. Vicens 66, 70, 71, 72, 79, 79tr/Peter Aprahamian 42, 50, 51, 69, 76bl, 77br, 79cl/Macduff Everton 2, 3, 74tr/Marc Garanger 58, 59, 78cl/Martin Jones 73, 79bl/Charles & Josette Lenars 7, 26, 47, 54, 55, 62t, 74br, 75, 77tr, 78tl/Ramon Manent 5, 46, 68, 74, 77tr, 79cl/Hans Georg Roth 30, 75br/Charles E. Rotkin 35, 76tl/Francesco Venturi; Kea
Publishing Services 4, 48, 49, 74, 77cl/Patrick Ward 1, 12, 34, 36, 37, 61, 62b, 63, 65, 74tl, 75tl, 76tl, 76tr, 78, 79tl/K.M. Westermann 67, 79tr/Nik Wheeler 33, 60, 75bl, 78br/Adam Woolfitt 8,9, 40, 43, 44, 45, 74bl, 76br, 76bl, 77tl/ Michael S. Yamashita 64, 79tl
James Davis Travel Photography 56, 57, 78tr
Eye Ubiqitous/Larry Bray 20, 75tr/Linda Miles 41, 76

Envidaram-se todos os esforços no sentido de reconhecer corretamente e de entrar em contato com a fonte e o detentor do *copyright* de todas as fotografias, sendo que a Carlton Books Limited se desculpa pelos eventuais erros ou omissões involuntários, comprometendo-se a corrigi-los nas futuras edições deste livro.

Outras Leituras

Güell, X, *Antoni Gaudí*, (Barcelona, 1986)
Howard, J., *Art Nouveau. International and National Styles in Europe*, (Manchester, 1996)
Kent, C. & D. Prindle, *Park Güell*, (New York, 1993)
Lahuerta, J., ed., *Gaudí*, (Barcelona, 1993)
Martinell, C., *Gaudí: His Life, His Theories, His Work*, (Cambridge, Mass., 1975)
Solê-Morales, I., *Fin-de-siècle Architecture in Barcelona*, (Barcelona, 1992)
Zerbst, R, *Antoni Gaudí*, (Cologne, 1993)